ALPHABET

ILLUSTRÉ

DES

ENFANTS SAGES.

Dieu de bonté, Dieu de clémence,
Bénis les enfants de la France.

Dieu nous voit.

A. M.

PARIS,

CHEZ TOUS LES LIBRAIRES.

1850

A B C D
E F G H I J
K L M N O
P Q R S T
U V X Y Z
Æ OE W Ç.

é, à, è, ù, â, ê, î, ô, û.

A

à

â, ab, ac, ad, ae.

B

b

ba, be, bi, bo, bu.

C

ç

ca, ce, ci, co, cu.

D

d

da, de, di, do, du.

E

⁂

é

⁂

è, ê, ë, ea, eb.

F

⁂

f

⁂

fa, fe, fi, fo, fu.

G g

ga, ge, gi, go, gu.

H h

ha, he, hi, ho, hu.

I i

î, ï, ia, ib, ic.

J j

ja, je, jï, jo, ju.

K

k

ka, ke, ki, ko, ku.

L

l

la, le, li, lo, lu.

10

M

m

ma, me, mi, mo, mu.

N

n

na, ne, ni, no, nu.

11

O

o

ô, oa, ob, oc, od.

P

p

pa, pe, pi, po, pu.

Q

q

qua, que, qui, quo, quu

R

r

ra, re, ri, ro, ru.

S

s

sa, se, si, so, su.

T

t

ta, te, ti, to, tu.

14

U u

ü, ua, ub, uc, ud.

V v

va, ve, vi, vo, vu.

14

X

x

x

xa, xe, xi, xo, xu.

Y

y

Z

z

za, ze, zi, zo, zu.

16

a e i o u y.

b c d f g h j
k l m n p q r s
t v x z.

air, bis, car, de, et,
fin, gros, hu, il, je,
kan, la, me, non, ou,
par, qui, ris, si, toi,
un, vin, xa, you, zinc.

17

Pa-pa, *Papa,* **A-mi,** *Ami,* **Mi-di,**
Midi, **Ca-ve,** *Cave,* **Ra-ce,** *Race,*
Di-re, *Dire,* **Jo-li,** *Joli,* **Lu-ne,** *Lune.*

**Bon-ne, en-fant, sol-dat, che-val,
Bal-le, ton-neau, ta-bli-er, gour-
man-dise, jou-jou, ten-dre-ment.**

J'a-do-re   **le**   **bon**   **Dieu.**
Je ché-ris mes pè-re et mè-re.
J'ai-me mon frè-re et ma sœur.

Oh! que mes parents vont être contents
quaud je leur apprendrai que je sais bien lire
dans mon alphabet; aussi mon professeur m'a-
t-il promis d'aller chez le libraire MAUGARS
pour m'en acheter un qui renfermera plus de
difficultés, et avec lequel je me perfectionnerai.

FIN.

Paris. A. Maugars, rue Sainte-Croix de la Bretonnerie, 32.

Poissy. — Imprimerie de ARBIEU.

18

www.ingramcontent.com/pod-product-compliance
Lightning Source LLC
Chambersburg PA
CBHW061813040426
42447CB00011B/2628